Maria Kalb / David Hernandez

# Kraftorte entdecken

David Hernandez widmet dieses Buch
dem Naturreich und der Mutter Erde.

Maria Kalb möchte es ihrer Enkelin Celina widmen,
weil ihre unbekümmerte Art sie immer wieder
in die Leichtigkeit des Seins zurückbringt
und ihren Kindern Manuela und Manuel,
die sie ermutigten und von Herzen unterstützten.

Maria Kalb / David Hernandez

# *Kraftorte entdecken*

Eine lebendige Bilderreise
zu Kraftplätzen in der

## RHÖN

und ihrer Umgebung

Verlag Parzeller

ISBN 978-3-7900-0390-1
© by Verlag Parzeller GmbH & Co. KG, Fulda
Umschlag und Layout: Peter Link
Gesamtherstellung: Druckerei Parzeller, Fulda
Alle Rechte vorbehalten · Printed in Germany

# Die Fabel vom Zauberwald

*Die folgende Geschichte lag lange Zeit – handgeschrieben auf einem Zettel – in einer meiner Schubladen. So lange, dass ich sie völlig vergaß.*
*Ich weiß nicht einmal mehr, von welchem lieben Menschen ich dieses Geschenk bekam.*
*Im Moment, als ich durch die verwunschene kleine Tür ging, tauchte die Erinnerung an diese Sage wieder auf und ich wusste, weshalb ich sie erhalten hatte:*
*Nun möchte ich das Geschenk (endlich) weitergeben.*

In der Welt gibt es einen Planeten namens Erde. Auf ihm leben Wesen, die sich Menschen nennen und dort lebte auch ein alter knochiger Baum. Brummig wanderte er kreuz und quer über die Erde. Dabei sah er so schreckenserregend aus, dass ihn die Menschen fürchteten und sich vor ihm zurückzogen. Sogar die Vögel schwiegen in seiner Gegenwart und Seen, von denen er trinken wollte, gefroren vor Schreck zu Eis. Der alte Baum wünschte sich aber nichts sehnlicher als Liebe. „Ist das denn zu viel verlangt?!" brummte er vor sich hin.
So wurde er von Jahr zu Jahr einsamer und schließlich auch wütend und aggressiv.
Wo er auftauchte, hinterließ er eine Welle der Zerstörung. Doch eines Tages erfüllte sich auch sein Schicksal …
Der Vogel Piro bekam den Auftrag, diesen Baum zu besuchen.

Es war kein ungefährlicher Auftrag, doch Piro fürchtete sich nicht. Er spürte den Baum auf und setzte sich auf ihn auf einen seiner kahlen Äste. Der Baum hatte gerade wieder eine seiner

Wurzeln in einen See getaucht, weil er trinken wollte und traurig mit angesehen, wie der See zu Eis geworden war. Nun bemerkte er seinen Besucher und wollte schon ansetzen, Piro zu vernichten.

In diesem Moment fiel ein Sonnenstrahl auf dessen Stirn und Piro ließ einen wunderschönen Regenbogen entstehen. Nur für diesen Baum, für ihn ganz allein. Ruhe und Frieden kehrten in das Herz des Baumes ein. Beglückt vernahm er die Stimme Piros, der ihn fragte:
„Was ist dein Problem, Baum?"
Der Baum dachte nach und nach einer Weile sprudelte es aus ihm hervor:
Er berichtete von den Menschen, die vor ihm wegliefen, wie die Vögel verstummten, die Seen gefroren und von anderen bitteren Erlebnissen. Er sprach lange. Die Stunden vergingen und Piro hörte geduldig zu. Mit der untergehenden Sonne verschwand der Regenbogen. Irgendwann, es war schon Nacht, verstummte der Baum. Er fühlte sich leer, aber auch erleichtert.
Da meinte Piro zu ihm: „Du hast mir nun erzählt, was du erlebt hast. Du hast erzählt, was DU getan hast und wie sich a n d e r e verhielten. Aber was ist dein Problem?"
Diese Frage hatte sich der Baum niemals gestellt. Und so dachte der Baum darüber nach.
Piro blieb still und überließ den Baum sich selbst und seinen Gedanken. Bevor Piro davonflog, vertraute er ihm noch etwas an: „Finde Deinen Namen im Inneren, singe Deinen Namen im Äußeren und beide Welten werden in Frieden sein!" Dann ließ er den Baum allein.

Der Baum war von dieser Begegnung zutiefst berührt.
Er zog nicht mehr durchs Land, sondern er blieb, wo er war und dachte nach.
Eine lange Zeit verging. Eines Morgens, als die Sonne gerade begann mit ihrem Licht das Land zu überfluten, verspürte der Baum einen Lufthauch. Er empfand das zärtliche Streicheln des Windes und lauschte. Der Wind schien ihm etwas zuzuflüstern.
Nach und nach wurde es deutlicher und der Baum hörte:
„Karun … Karun … Karun …"
Ein nie gekanntes Glücksgefühl durchströmte ihn und im gleichen Augenblick wusste er:
Dies ist mein Name! KARUN!
Karun erinnerte sich an die Worte des Piro und begann, mit dem Wind in den Blättern seinen Namen zu singen – anfangs noch leise, unbeholfen und zaghaft, dann immer lauter und klarer.
Dadurch geschah etwas, was die Menschen als „Wunder" bezeichnen:
Der See, an dem der Baum seit geraumer Zeit stand, begann aufzutauen und Karun konnte zum ersten Mal wirklich trinken. Wie ein lichtes Labsal drang das Wasser in ihn ein, und er sog und sog und sog, denn er fühlte die Lebensenergie, die er ständig vermisst hatte. Dabei sang er seinen Namen – wieder und wieder! Seine Gestalt begann sich zu verändern. Er wurde groß und mächtig und liebte es, üppig zu blühen.
So fand der alte Baum heraus, was ihm Freude machte: Er, Karun, wollte Liebe geben!
Und das tat er von da an ohne Zögern: Er gab!

Er gab in einem solchen Maß, dass sich andere Bäume zu ihm gesellten, Bäume, die sich so verhalten hatten, wie er es früher getan hatte. Auch sie erhielten von ihm Liebe und gaben sie weiter.

Schließlich wuchsen so viele Bäume um ihn herum, dass sich ein großer Wald ausbreitete – ein Zauberwald!

Aber warum Zauberwald? Nun, die Menschen hörten von diesem Wald und besuchten ihn. Bald sprach es sich herum, dass dieser Wald etwas Besonderes war. Kranke fanden hier Heilung, Schwache wurden wieder stark, Hoffnungslose erhielten Mut und Zuversicht. Der Wald wurde immer beliebter bei den Menschen und auch bei den Tieren.

Karun selbst aber wurde zu dem, was er früher gesucht hatte: LIEBE!

So geschah es, dass die Bäume sesshaft wurden und voller Liebe.

Wir Menschen laufen seitdem nicht mehr vor ihnen davon, sondern wir suchen ihre Nähe.

*Wir laden Sie ein zu einer Bilderreise an magische Orte der Kraft. Begeben Sie sich mit uns zu unerschöpflichen Quellen der Inspiration und lassen Sie sich anregen, selbst Orte der Kraft zu finden.*

*Die Reise beginnt ...*

# Entstehung

Als David mir den Zauberwald bei Burg Brandenstein zeigte, lud uns der verwunschene Ort zum Dableiben ein.

Wir ließen uns nieder und genossen schweigend das innere Echo des vorher Erlebten.

Nach einer Weile durchbrachen wir im selben Moment die Stille und erzählten gleichzeitig durcheinander von dem Wunsch, mehr Menschen zu erreichen. Wir beide hatten schon länger mit dem Gedanken gespielt, ein Buch über Kraftplätze in unserer Umgebung zu veröffentlichen.

Lachend beschlossen wir, dieses Vorhaben zusammen zu verwirklichen.

So wurde hier die Idee zum gemeinsamen Werk geboren.

# Was vorher geschah ...

Nach jahrelanger Beschäftigung mit Feng-Shui und Geomantie reiste ich auf der Suche nach Kraftquellen zum sagenumwobenen Machu Picchu. Ich empfand diesen Ort als gewaltig, grandios und nachhaltig beeindruckend und möchte dieses Erlebnis auf keinen Fall missen. Wieder zu Hause angekommen, in der Rhön, fand ich staunend heraus, dass hier kraftvolle Plätze auf Entdeckung warten, die nicht weniger großartig sind. Ich spürte vergleichbare Energien wie in Machu Picchu, die Ähnliches in mir auslösten.

Wir können bis ans Ende der Welt reisen und werden unterwegs sicherlich manch Wunderbares finden. Mittlerweile bin ich jedoch überzeugt davon, dass wir uns aber ebenso gut „vor der Haustür" umsehen können und hier in gleichem Maße fündig werden.

Mit diesem neuen Bewusstsein besuchte ich eine Ausstellung mit Natur-Aufnahmen. Beim Betrachten der Fotografien von David Hernandez stellte ich erfreut fest: „Diese Bilder drücken ja das aus, was ich spüre."

Wir nahmen Kontakt miteinander auf, begannen gemeinsam in die Natur zu gehen und offenbarten einander unsere persönlichen Kraftplätze. Aus diesen Wanderungen zu zweit entwickelten sich die von uns geleiteten Naturführungen.

Dabei ließen wir die Menschen, die uns begleiteten, behutsam und unaufdringlich an unseren Eindrücken teilhaben. Die Teilnehmer lernten Plätze kennen, an denen sie den Einklang zwischen Mensch und Natur unverstellt spüren und neue Lebensenergie schöpfen konnten. Manche fanden wieder den Zugang zur inneren Lebensquelle oder entdeckten ihre verlorene Verbindung mit „etwas Höherem" neu.

Das Miterleben ihrer Freude bestärkte wiederum uns selbst in dem Wunsch, noch mehr Menschen diesen Zugang zu ermöglichen. In allzu großen Gruppen verwischt sich jedoch manchmal die persönliche, ureigenste Wahrnehmung. Und wieder erschien ein Buch als Möglichkeit, beides zu erfüllen: Viele verschiedene Menschen zugleich und dennoch den Einzelnen ganz persönlich zu erreichen.

# ... und wie es weiterging

Wir begannen mit der Arbeit, indem wir uns verabredeten. Wir überlegten uns, an einen bestimmten Ort zu gehen, von dessen Kraft wir beide wussten. Dort angekommen, wollten wir die Schwingung in uns aufnehmen, um sie in Bild und Wort wiederzugeben.

Bemerkenswerterweise kam es jedoch bei unseren ersten Unternehmungen fast immer irgendwie anders als geplant. Wir landeten beinahe jedes Mal an einem anderen Ort als an dem, den unser Kopf ausgesucht hatte.

Es geschah zum Beispiel, dass wir uns verliefen und den Weg zum ursprünglichen Zielort partout nicht mehr finden konnten. Oder es ergaben sich unterwegs Hindernisse und wir mussten Umwege in Kauf nehmen. Auf solchen scheinbaren Umwegen gerieten wir dann ganz woanders hin als beabsichtigt. Manchmal spielte uns das Wetter einen Streich und der Ort, den wir hatten aufsuchen wollen, blieb unerreichbar.

Nachdem wir einige Male diese scheinbaren Verirrungen, Hindernisse und Umwege erlebt hatten, wurde uns (endlich) bewusst, was eigentlich geschah:
Jedes Mal, wenn wir unser ausgedachtes Ziel nicht erreichten, fanden wir ungewollt einen anderen besonderen Ort. Wie zufällig bekamen wir dadurch eine beglückende neue Entdeckung geschenkt.
Es war, als würde die Natur selbst bestimmen, wohin unsere Entdeckungsreise geht.

Aus den Erfahrungen und Erlebnissen, die uns während der Entstehung dieses Buches begegneten, entstand für uns ein deutlicher Eindruck: Die Kraftplätze, die in diesem Buch zu sehen sind – diejenigen, die aufgenommen werden konnten – woll(t)en gesehen werden.
Andere Plätze sollten offenbar nicht gesehen werden. Selbst wenn wir sie nach mehreren Anläufen und Versuchen endlich erreicht hatten, konnte es zum Beispiel geschehen, dass die Kamera auf unerklärliche Art und Weise streikte. Oder es stellte sich später heraus, dass die Aufnahmen nichts geworden waren, ohne dass dafür ein Grund erkennbar gewesen wäre und dergleichen mehr.

Schließlich gaben wir es auf, unsere erdachten Pläne zu verfolgen und überließen uns den scheinbaren Zufällen.
Und doch können wir versichern:
Die hier vorgestellte Auswahl an Bildern von Kraftplätzen ist nicht zufällig zustande gekommen.

# Bilder von Kraftplätzen

In der freien Natur können wir Kraft tanken, uns erholen, ausruhen, durchatmen, unseren Blick schweifen lassen, Stille genießen ... wieder in unsere Mitte finden. Wenn wir „draußen" waren und nach „drinnen" zurückkehren, in unseren Alltag, fühlen wir uns gestärkt und erfrischt.

Die gesamte Natur mit Bäumen, Wiesen, Bächen, Felsformationen ... spendet Kraft und nährt uns – das weiß eigentlich jeder. Nicht zufällig sprechen wir von „Mutter Natur".

Lässt sich diese Kraft einfangen und durch Bilder übertragen?

Warum spricht man von Kraftplätzen, wenn doch die gesamte Natur ein kraftspendender Ort ist?

Die hier vorgestellten Aufnahmen sind selbst eine Antwort auf diese Fragen.

Sie geben nicht nur Abbilder wieder. Sie haben den Zauber großartiger Naturenergien in sich aufgenommen und strahlen dies aus.
Der begnadete Natur-Fotograf David Hernandez hat die seltene Fähigkeit, diese Energien zu sehen und lässt sie in seinen Bildern auch für andere sichtbar werden. Er möchte die Betrachter seiner Fotografien „an den heilenden Energien der Natur teilhaben lassen", wie er selbst sagt.

Zugegeben – es ist um ein Vielfaches heilsamer, sich selbst an die hier gezeigten Orte zu begeben. Aber: Einerseits fehlt uns oftmals die Möglichkeit dazu.
Andererseits – man stelle sich vor, wir alle würden immer dann die Kraftplätze in der Natur aufsuchen, wenn wir den Wunsch verspüren, aufzutanken. Inmitten des vermutlich entstehenden Gedränges würde es sicherlich erheblich schwieriger, etwas wie Zeitlosigkeit oder Stille zu finden.

Dieses Buch will und kann den Aufenthalt in der Natur natürlich nicht ersetzen. Im Gegenteil: Es will dazu anregen, (s)einen ganz persönlichen Kraftort zu suchen und zu finden. Aber wir wollen auch kein „Getümmel" an den dargestellten Plätzen hervorrufen. Darum bleiben die Hinweise auf das „WO" eines Ortes spärlich und manche werden gar nicht genannt – wie die „verborgenen Plätze" im letzten Teil des Buches.

*Die Verbindung zwischen Himmel und Erde. Pferdskopf, Poppenhausen (Wasserkuppe).*

# Anregung zum Umgang mit den Bildern

Die Bilder werden in diesem Buch nicht gruppiert oder schematisch geordnet angeboten, sondern überwiegend wie zufällig „eingestreut". Die lockere Abfolge soll dem Betrachter eine Bilderreise ermöglichen, die unseren meditativen Naturführungen ähnelt.

Wenn wir durch die Natur streifen, gehen wir ja auch nicht gezielt von Wasserstelle zu Wasserstelle oder von Baumgruppe zu Baumgruppe oder von Fels zu Fels. Wir kommen stattdessen um eine Wegbiegung und entdecken einen malerischen Felsen; etwas weiter begegnen wir einem rauschenden Wasserfall und in dessen Nähe zieht uns ein ausdrucksstarker Baum in seinen Bann.

Wenn Sie bei Ihrer Bilderreise auf die Wiedergabe eines Ortes stoßen, der Sie besonders anspricht, verweilen Sie und lassen Sie die Aufnahme auf sich wirken – nehmen Sie sie in sich auf. Stellen Sie das aufgeschlagene Buch mit dem für Sie ansprechendsten Bild an Ihrem Arbeitsplatz oder in einem Ruheraum auf. Finden Sie heraus, wo es sich harmonisch einfügt. Sie werden spüren, wie sich die Raumatmosphäre verändert.

Wenn sich nach und nach ein Lieblingsbild herausschält, versuchen Sie zu erspüren, was es ist, was Sie hier anspricht. Von welcher Stelle in Ihrem Inneren kommt ein Echo? Begegnet Ihnen hier etwas, das Ihnen fehlt? Werden wertvolle Erinnerungen geweckt? Schlummert da womöglich eine innere Kraftquelle? Was könnte die verschüttete Quelle wecken und zum Sprudeln bringen?

Wenn Sie nicht selbst entscheiden mögen, schlagen Sie morgens das Buch an einer beliebigen Stelle auf und lassen den Zufall entscheiden, welches Bild Sie durch den Tag begleiten soll.
Falls Sie das Buch häufig an einer bestimmten Stelle aufschlagen, gehen Sie der Sache auf den Grund: Besuchen Sie diesen Platz in natura. Erspüren Sie vor Ort, was dieser Platz für Sie persönlich bereit hält. Wozu regt Sie dieser Ort an?

Wenn Sie kein Lieblingsbild entwickeln und hier (noch) keinen Ort finden, der Sie anspricht und in die Natur ruft, lassen Sie sich ermutigen, nach ihrem eigenen, ganz persönlichen Kraftplatz Ausschau zu halten. Wie Sie ihn für sich finden können, erfahren Sie auf den nächsten Seiten …

*Die Zeichen des Steins*

*Durch Erde und Stein*

*Details im Gesichterbaum*

*Gesichterbaum*

*Rückansicht alter Ahornbaum*

*Vorderansicht alter Ahornbaum*

# Woran erkenne ich (m)einen Kraftplatz?

*Spüren und Wahrnehmen*

Die Kunst des Wahrnehmens ist der Austausch – wir geben uns, indem wir uns einlassen.
Das Einzige, was mehr wird, wenn wir es verschenken, ist die Liebe.
So teilen wir etwas (mit), verändern den Ort, den wir entdecken und der Ort verändert uns.
Manche finden ihren Kraftplatz ungewollt und erleben etwas nicht-alltägliches. Manche gehen dann vielleicht nach Hause und fragen sich, ob ihr Erleben Relevanz und Kraft hatte.
Sie fragen sich ernsthaft, ob der Ort nun wirklich ein Kraftort ist. Sie fragen sich, ob die Zeiger von Messgeräten ausschlagen würden, ob die Bäume „richtig" gewachsen sind um Erdstrahlen anzuzeigen. Sie stellen sich Fragen und denken über die Antworten nach und damit zerdenken sie ihr Erlebnis und vielleicht verlieren sie das Vertrauen in ihre natürliche Fähigkeit, Kräfte zu spüren.
Wenn jemand einen Kraftort für sich gefunden hat und jemand anders dort nichts weiter spürt, liegt es dann an dem einen, der es sich womöglich nur eingebildet hat, oder an dem anderen Menschen, der sich vielleicht nicht darauf einlassen konnte? Ist das denn überhaupt wichtig? Zählt nicht vielmehr das Erleben? Es ist doch das Erleben, das die Wirklichkeit gestaltet hat – jemand hat etwas gespürt, es war wirk-lich – etwas hat ge-wirkt. Kraftorte können wir mit unserem Herzen, unserer Seele wahr-nehmen und dann ist es wahr.
Immer wieder fragen mich Menschen, die noch unerfahren sind oder unsicher in ihrer Wahrnehmung, wie sie denn nun „ihren" Kraftplatz finden können.
Ihnen empfehle ich: Besuchen Sie zunächst einen Ort, der als Kraftplatz bekannt ist.
Schauen Sie sich dort in Ruhe um, lassen die Umgebung auf sich wirken, nehmen Sie sich Zeit. Schließen Sie die Augen und achten auf das, was Sie hören – lauschen den Geräuschen rund um sich herum. Horchen Sie auch in sich selbst hinein. Steigen Bilder in Ihnen auf? Oder Emotionen?
Spüren Sie den Boden unter den Füßen – Gras, Moos, Steine, Feuchtigkeit oder eine Wasserstelle. Legen Sie sich auf die Erde und empfinden ihre Schwingung – fühlen Sie sich beschwingt? Spüren Sie eine Schwere und alles fällt von Ihnen ab? Entsteht ein Gefühl der Leichtigkeit? Nehmen Sie sich viel Zeit; es ist möglich, dass die Zeit still zu stehen scheint.
Entspannen Sie sich und lassen Sie sich nicht von der Erwartung, dass jetzt etwas Besonderes geschehen muss, unter Druck setzen. Wenn Sie nichts Auffallendes spüren, seien Sie nicht ent-

täuscht. Kommen Sie an einem anderen Tag wieder oder besuchen einen anderen Kraftplatz.
(Was für jemanden an welchem Ort wann spürbar wird, kann uns kein Messgerät vorher sagen.)
Wenn Sie den einen oder anderen solcher Plätze erlebt haben, entwickelt sich nach und nach ein Gespür für die Schwingungen. Ihnen erscheint vielleicht das Licht an einem Platz wärmer, die Luft wirkt lichter, angenehmer als außerhalb; Sie haben den Eindruck, mit einem Baum oder einem Stein Kontakt bekommen zu haben; ein lang vergessener, wunderschöner Traum ist Ihnen wieder eingefallen, oder Sie haben sich von dem Platz begrüßt gefühlt, angenommen – wie umarmt.
Alles dies kann entstehen. Oder auch nicht. Was ist, ist und alles ist gut.
Dann können Sie Ihren eigenen Kraftplatz finden gehen. Natürlich können Sie sich auch ohne solche Vorbereitungen auf die Suche begeben. Vorarbeit ist keine Bedingung. Die Erde ist heilend – und voller Kraft. Ihre natürlichen Kräfte sind bedingungslos, sie sind einfach da.
Die meisten Kraftplätze verstecken sich nicht, sie werden lediglich von uns übergangen.
Achten Sie daher auf Ihre Umgebung.
Ein persönlicher Kraftort muss keineswegs ein Ort sein, der deutlich auf der Landkarte zu finden ist. Der „private" Kraftplatz wirkt meist äußerlich viel bescheidener, hat deshalb aber nicht weniger Energie. Das kann ein alter Baum sein, ein Felsüberhang, eine bestimmte Stelle an einem Bachlauf oder ein ruhiger Winkel an einer Waldlichtung. Kraftplätze können auf den ersten Blick völlig unspektakulär sein.
Lassen Sie sich von Ihrem inneren Gefühl leiten – gibt es in der Umgebung Ihrer Wohnung einen Ort, der Sie stark anspricht? Einen Platz, der Sie zum Dableiben einlädt? Ihr inneres Gefühl ist die beste Landkarte, um Ihren Platz zu finden. Oft sind es auch Bäume, Felsen, Sträucher, die geradezu den Weg zu weisen scheinen: da lang, fühl mal ... Ein altes Sprichwort sagt treffend:
„Was das Herz bewegt, setzt die Füße in Bewegung"
So können wir uns von unserer inneren Stimme führen lassen.

## *Wahrnehmen am Ort der Kraft*

*Wenn wir dem, was auch immer in uns ist
an Wahrnehmungen, an Erfahrungen,
an Gefühl und auch an Gedanken
aufmerksam „zuhören" –
wenn wir allem, was auch immer gerade ist
vollständig begegnen –
ohne Rückhalt, ohne Hintertürchen,
ohne Ausweichen, offen, genau –
dann sind wir in der Mitte
und was ist, ist.*

*Sieben aus einer Wurzel*

*An Kraftplätzen scheint sich die Zeit zu dehnen, manchmal scheint sie gar ganz stillzustehen, In Märchen findet sich dieses Motiv oft wieder – jemand geht in den Wald und kehrt nach kurzer Zeit zurück, glaubt aber, er sei für Jahre fortgewesen. Ein Tag an einem Kraftplatz ist in seiner Wirkung manchmal mit einer Woche Urlaub vergleichbar.*

*Zauberhaft und schön – Kaskadenschlucht Rhön*

*Bestimmte Plätze haben mehr Lebenskraft als andere, sie wirken auf uns wie kleine „Kraftwerke". An solchen Orten lässt es sich besonders gut meditieren.*

*Es geht nicht darum, sich irgendwo hin zu meditieren – nicht ums Aussteigen. Es geht vielmehr darum, ins Leben einzusteigen, sich einzulassen, mit allen Sinnen wahrzunehmen – ganz und vollständig Da-zu-Sein.*

*Kraftplatz-Erleben kann dazu führen, dass wir sensibler dafür werden, was uns aufbaut und was uns schwächt.*

# Was ist ein Kraftplatz?

*Und was kann er sein?*

Was wir sehen ist die Schönheit, die Form – ein bizarrer Fels, ein kraftvoller Baum, ein romantischer Flecken – Idylle, Harmonie. Das ist wunderschön, doch die energetische Wirkung eines Kraftplatzes geht über das Malerische hinaus. Sie liegt sozusagen dahinter oder darunter – unter der Oberfläche. Diese Wirkung wird dann spürbar, wenn wir bereit sind uns tiefer einzulassen. Wer (nur) das Malerische sucht und konsumieren will, mag dies tun, bleibt jedoch an der Oberfläche.

Vor fast zwanzig Jahren veröffentlichte der Rhönliebhaber Francis Grönewald* in einem Rhön-Wanderführer* ein Gedicht. Die Verse beschreiben wie ‚Kummer und Sorgen', ‚Elend und Schwäche', ‚schwere Gedanken' … wie alles dies ‚wieder gut wird in der Rhön'. Es endet mit der Frage: ‚Ja, wie kann das nur sein in der Rhön, dass beim Wandern und beim Gehen, soviel Gutes und Schönes kann geschehn?'

Damals sprach noch kaum jemand von ‚Kraftplätzen' – eine solche Ausdrucksweise hatte noch den Nimbus von esoterischem „Schnick-Schnack". Mittlerweile hat die Wissenschaft jedoch Methoden gefunden, auch solche Energien messbar zu machen, die man früher bestenfalls erahnen oder fühlen konnte. Man weiß daher, dass an manchen Orten stärkere Energien auftreten als anderswo. Das können aufbauende oder abbauende Energien sein. Dort, wo aufbauende Energien gebündelt zusammenfließen und auftreten, spricht man von einem Kraftplatz.

Orte der Kraft spielen in den Mythen alter Völker eine zentrale Rolle. Berge, Quellen, Wasserfälle, besondere Bäume wurden schon immer als magische Plätze angesehen. Unsere Vorfahren lebten noch weitgehend im Einklang mit der Natur und wussten um solche Kraftplätze. Bis zur Neuzeit ging jedoch ein Großteil des überlieferten Wissens verloren.

In der Naturheilkunde wurde manches davon dennoch bewahrt und tauchte wieder auf. Der moderne Mensch beginnt gerade heutzutage in den unterschiedlichsten Gebieten altes Wissen wiederzuentdecken. Inzwischen ist es wieder fast allgemein bekannt, dass alte Kirchen und Kathedralen auf besonders kraftvollen Plätzen errichtet wurden.

An Kraftorten können körperliche Stärkung, geistige Klärung, innere Reinigung und allgemeine Gesundung stattfinden oder gefördert werden. Wie der Einzelne das erlebt und was dabei empfunden wird, ist so vielfältig wie wir Menschen nun mal sind. Es gibt jedoch Gemeinsamkeiten, die immer wieder berichtet werden, sowohl von überlieferten, altbekannten Orten wie auch von neu entdeckten. Viele Menschen spüren dort ein Kribbeln unter den Füßen, Anspannung fällt von ihnen ab, sie empfinden eine besondere Ruhe oder gar eine Art Glücksgefühl, man merkt nicht mehr, wie die Zeit vergeht – die allermeisten fühlen sich deutlich körperlich wohl.

Wie aber „machen" die Kraftplätze das?

Die Antwort ist eigentlich recht schlicht: Kraftplätze „machen" gar nichts – sie sind einfach da. Dort, wo sie sind.

Wer etwas macht, das sind wir selbst, indem wir reagieren. Unsere Zellen nehmen die Energien ihrer Umgebung auf und antworten. Die Wissenschaft hat verschiedene Erklärungsmodelle für dieses Geschehen entwickelt. Wir müssen sie nicht im Einzelnen kennen, um zu verstehen, was geschieht. Um eine Vorstellung davon zu erhalten, was vor sich geht, mag ein Beispiel genügen:

Bereits im 17. Jahrhundert wurde ein Phänomen beobachtet, das als „Hyugens`sches Uhrenrätsel" in die Wissenschaftsgeschichte einging. Hyugens hatte herausgefunden, dass zwei nahe beieinander stehende Pendeluhren, deren Pendel an unterschiedlichen Ausgangspunkten in Bewegung gesetzt werden, sich nach kurzer Zeit auf einen gemeinsamen Rhythmus einschwingen. Die Pendel entwickelten ein paralleles Bewegungsmuster und verfielen nach kurzer Zeit in einen Rhythmus, in dem sie sich gleichmäßig aufeinander zu und wieder auseinander bewegten. Ein Pendel verhielt sich also wie das Spiegelbild des anderen. Huygens hatte als erster Mensch ein Phänomen beobachtet, welches heute „spontane Synchronisation" genannt wird.

Von selbst entstehender Gleichklang – so könnte man es übersetzen. Entscheidend für den Gleichlauf oder Gleichklang, den Hyugens entdeckte, war dabei, dass beide Uhren genau baugleich waren.

Nehmen wir einmal an, Sie wollten diese Entdeckung nachvollziehen, hätten aber nur zwei unterschiedliche Pendeluhren – eine kleinere und eine größere. Sie versuchen es dennoch, stellen die beiden Uhren in einem Raum auf und starten beide Uhren so, dass sie in einem unterschiedlichen Rhythmus schlagen.

Was glauben Sie, was passiert ist, wenn Sie nach einiger Zeit wieder ins Zimmer kommen?

Die Pendeluhren schlagen im gleichen Rhythmus. Und zwar hat sich die kleinere Uhr der größeren angepasst, denn der stärkere Rhythmus beeinflusst den schwächeren. Dieses Phänomen nennt sich in der technischen Welt „Frequenzkopplung" und ist in der Natur vielerorts zu finden.

Auch unsere Körpervorgänge laufen fast alle rhythmisch ab, der Bewegung eines Pendels durchaus vergleichbar. Einer der stärksten, lebensbestimmenden Rhythmen ist dabei der Herzschlag. Die Geschwindigkeit unseres Herzschlages wird von allem beeinflusst, was wir aufnehmen, fühlen oder denken. Diese Beeinflussung liegt normalerweise unterhalb unserer Wahrnehmungsschwelle – sie ist minimal. Wenn wir jedoch zum Beispiel einen Schreck bekommen, merken wir deutlich, wie sich unser Herzschlag beschleunigt oder „stolpert". Ähnliches

geschieht, wenn wir uns stark freuen.
Das eine bewerten wir negativ, das andere empfinden wir als positiv.
Wir können also bei diesen Veränderungen zwischen zwei verschiedenen Mustern unterscheiden:
Einer chaotischen, weil unregelmäßigen Tempoveränderung und einer harmonischen Veränderung des Herzschlags. Wenn unser Herzrhythmus chaotisch ist, dann fühlen wir uns, als würde unser gesamter Körper ins Chaos gestürzt. Wenn unser Herzrhythmus hingegen harmonisch ist, fühlen wir uns wohl, der ganze Körper kann effektiver arbeiten und sogar unser Denken, unsere Empfindungen können klarer werden.
Bringen wir solches Erleben gedanklich in Verbindung mit der beschriebenen ‚spontanen Synchronisation' und der beobachteten ‚Frequenzkopplung', dann wird verständlich, was an Kraftplätzen mit uns geschieht.
Die Erde selbst ist ein lebender Organismus mit einem zusammenhängenden physiologischen System. Sie hat ein eigenes Dasein, in dem wiederum Leben existieren kann.
Die für uns sichtbare Materie wird ergänzt durch ein unsichtbares übergeordnetes „Energiemuster", das den gesamten Globus umspannt. Beim Menschen werden diese Energiemuster Akupunkturlinien oder Meridiane genannt.
Unsere Körperrhythmen reagieren auf die an Kraftplätzen zusammenfließenden aufbauenden Energien und schwingen sich wie das kleinere Pendel auf das größere, stärkere ein.

Die Kraft, die ein solcher Ort ausstrahlt, überträgt sich auf den Menschen.
Es entsteht ein innerer Gleichklang, wir kommen in Einklang mit uns selbst und unserer Umgebung – in Harmonie. Unser Energiefluss wird gefördert und von den positiven Kräften des Ortes angeregt - wir fühlen uns rundum wohl.
Dieses Sich-wohl-Fühlen bleibt jedoch nicht beschränkt auf ein körperliches Geschehen.
Je bewusster wir uns dem Einfluss öffnen, umso leichter kommen wir (wieder) in Verbindung mit der Urquelle der Kraft. Wir können unser Herz öffnen für die Gegenwart Gottes in allem Seienden, denn wir fühlen unsere Zugehörigkeit zu etwas Größerem und spüren den göttlichen Funken in uns selbst. Wir suchen nicht mehr, wir sind angekommen.
Die Rhön ist reich an Flecken, Stellen und stillen Winkeln, an denen besondere Energien gebündelt zu Tage treten.

Könnte nicht darin die Antwort liegen auf die Frage, die in Grönewalds Gedicht offen blieb?


* *Francis Grönewald: „Geschenktes Glück und erlebte Freude in der Rhön", Fulda, 2. Aufl. 1993, S.31*

*Engelstraum*

*Das Meer der Steine*

# Mein Schlüsselerlebnis

Von Kindesbeinen an hat die Natur mich geprägt. Aufgewachsen bin ich in der Rhön auf einem Bauernhof.

Als Erwachsene wohnte ich zunächst in der Nähe der Milseburg und später nahe beim Pferdskopf. Zu beiden Plätzen – von denen ich heute weiß, dass es Kraftplätze sind – fühlte ich mich hingezogen und suchte sie häufig auf. Damals geschah dies noch weitgehend unbewusst.

Anfang fünfzig geriet ich in eine Lebenskrise.

Ob ich wollte oder nicht, ich musste mich einem kompletten Neuanfang stellen.

Doch woher die Kraft dafür nehmen?

Regelmäßig, sobald sich die Gelegenheit dazu ergab, machte ich in dieser Zeit Spaziergänge zur nahe gelegenen Nalle. Sobald ich auf dem Weg dorthin und mit mir und der Natur alleine war, brauchte ich nur noch einen Fuß vor den anderen zu setzen. Mit jedem weiteren Schritt fielen die Sorgen allmählich von mir ab und ich begann, mich wieder selbst zu spüren - meine Lebensenergie und meine Lebensfreude wurden wieder geweckt. Die Natur half mir, meine Trauer zu verwandeln, sie nicht festzuhalten – ich wusste, dass ich allein war, jedoch nicht einsam.

So konnte ich erkennen, dass ich nicht alles alleine tragen muss. Sobald ich mich in der Natur befand, fühlte ich mich Gott ganz nahe und mein Herz öffnete sich. Ich fand wieder zum Gebet, öffnete mich Gott und seiner Liebe. Die Natur half mir, Gott wahrzunehmen.

Seitdem hat sich mein Leben in jeder Hinsicht positiv entwickelt. Heute bin ich körperlich gesund, geistig fit und voller Lebensfreude über alles, was ist und über alles, was kommt.

Im Unterschied zu früher nehme ich die Kraft, die mir durch den Aufenthalt an Kraftplätzen zufließt, bewusst wahr. Jetzt kann ich beim ersten Anflug eines „Krisengefühls" losgehen und muss nicht erst warten, bis mir die Krise über den Kopf wächst und ich wie aus Versehen den Weg zum Kraftplatz finde. Das Wissen, welche Möglichkeiten mir Kraftplätze bieten, lässt mein Leben leichter werden.

*Die Urkraft der Rhön:*
*In der Rhön ist das vorherrschende Gestein der Basalt.*
*Basalt entsteht aus flüssiger Lava und gehört zu den so genannten primären Gesteinsformen. In der Steinheilkunde heißt es vom Basalt, dass er uns durch seine Abstrahlung hilft, unsere ureigenen Ressourcen zu entdecken und uns dabei unterstützt, das erkannte Potenzial in die Tat umzusetzen. Die im Basalt vorhandenen Strukturen fördern die Bereitschaft loszulassen und helfen dabei, tief zu entspannen. Gleichzeitig wird es uns in der Nähe des Basaltgesteins leichter möglich, eine tiefe innige Verbindung mit uns selbst und anderen zu erfahren. Basalt hilft eigene Interessen und Wünsche zu erkennen und stärkt uns auch im übertragenen Sinn den Rücken. Er sensibilisiert uns und gibt uns die Kraft, unserer Intuition zu vertrauen.*

### *Die Geschichte eines Ortes geht in Resonanz*

*mit unseren Gefühlen und lässt uns traurig oder glücklich sein. Wenn ich Trauer empfinde, dann verstärkt der Kraftplatz anfangs mein Gefühl der Trauer. Erst wenn ich es vollständig mit allen Sinnen gefühlt habe, kommt das Gefühl der Freude (wieder) zum Vorschein. Gedanken und Gefühle zuzulassen bedarf der Übung.*
*Ich werde an den Kraftplätzen unterstützt, allem Denken und Fühlen einen Raum zu geben und alles zuzulassen. Mir wird klar, dass ich Gefühle h a b e , dass ich jedoch nicht diese Gefühle b i n . Dadurch kann ich auch zu Hause die Tiefe meiner Empfindungen erleben und jedem Gefühl Raum geben, indem ich meine Emotionen achte und zulasse. Ich darf Tränen, Wut, Unruhe oder Angst genauso spüren wie Lachen, Freude, Ruhe oder Liebe. So komme ich auf meiner Reise mir selbst ein Stück näher. Je häufiger ich mich in der Natur aufhalte, um so mächtiger ist das Gefühl, dass alles gut ist und alles vollkommen ist.*
*Mein Leben bekommt mehr Tiefe.*

# Wiederbelebung

Es war ein trüber Tag und ebenso trübe war meine Stimmung. Wichtige Entscheidungen standen an, aber ich fühlte mich unfähig, sie zu treffen – wie gelähmt, blockiert.

Glücklicherweise war ich mit David verabredet, um ihm meinen ganz persönlichen Kraftplatz zu zeigen und so hatte ich eine gute Ausrede, die Entscheidungen auf später zu verschieben. Die Gedanken daran konnte ich nicht so leicht loslassen, sie beschäftigten mich anfänglich auch unterwegs noch.

Am Schwarzbach angekommen, war ich zunächst enttäuscht. Der Wasserfall machte keineswegs einen kraftvollen Eindruck – er war verstopft mit gestautem Gehölz und darin hängen gebliebenem Unrat. Seufzend machten wir uns an die Arbeit, fischten verfaulte Stöcke, angeschwemmte Büschel und Abfälle aus dem Wasser und vom Uferrand. Wir vergaßen die Zeit und reinigten einen halben Tag lang den verstopften Bachlauf.

Nach und nach fühlte ich mich leichter und allmählich begann ich wahrzunehmen, wie auch ich mich befreite – alle Gedanken fielen von mir ab, das Gefühl blockiert zu sein löste sich auf.

Von Minute zu Minute fühlte ich mich freier und unbeschwerter. Nach Stunden schließlich war ich keineswegs ermüdet, sondern überraschend erfrischt.

Strahlend standen wir da wie zwei Kinder und bestaunten den Wasserfall, der jetzt voller Energie sprudelte. Mir war wieder klargeworden, warum ich diesen Platz als „meinen" Kraftplatz empfand und auch David fing begeistert an Aufnahmen zu machen.
Als mir David die entwickelten Fotos zeigte, entdeckten wir voller Freude ein Frauengesicht im Wasserfall. Wir nannten sie die: „Die Schwarzbachfrau".

Einige Tage später kam mir dieser Ausflug wieder in den Sinn und rückblickend wurde mir bewusst, wie sicher und leicht tags darauf meine Entscheidungen gefallen waren.
Kaum zu glauben, was es bewirken kann, wenn „ein paar Hölzchen" aus dem Weg geräumt werden. Alles nur Zufall?

*Die Schwarzbachfrau*

*Je mehr ich mich an den Kraftplätzen aufhalte, desto mehr spüre ich inneren Frieden und Stille. Die Natur lässt mich zur Ruhe kommen. Hier können mein Körper, meine Seele und mein Geist in Einklang kommen. Die Kraft des Ortes bringt mir Entspannung. Ich bin angekommen und fühle mich zuhause.*

*Paradies*

Wer in die Natur schaut, kann sehen: Wir sind von Fülle umgeben – saftige Wiesen, rauschende Bäche, grüne Wälder. Die Natur zeigt uns, dass immer genug vorhanden ist, um ein glückliches Leben zu führen.

*Ein Wintermärchen*

*Weisheit*

*Klarheit*

*Bewusst erspüre ich, wie am Kraftplatz mein eigenes Kraftpotenzial aktiviert wird und wie ich es bewahren kann. Ich achte auf Signale und Symbole und werde aufmerksamer für Momente, in denen ich meine Lebensenergie unterdrücke. Ich lerne zu unterscheiden, was mir im täglichen Leben Energie raubt und was mich stärkt. Aus diesen Erfahrungen schöpfe ich Weisheit und Stärke.*

*Die Wirkung der Natur empfinde ich als heilsam. Wenn ich mich vorher schlapp oder müde gefühlt habe, werden mir oft während des Verweilens die Ursachen und Hintergründe klar und nach einiger Zeit bin ich gestärkt – voll frischer Lebensenergie. So werden meine eigenen Energiereserven in der Natur gefüllt.*

*Brautschleier*

*Der Pilsterfelsen*

# Sage vom Sauerbrunnen Kothen

**Die weise Frau vom Pilster**

Nur wenige Meter nordöstlich von Kothen erhebt sich ein merkwürdiges Gebilde, der Pilsterfelsen. In seiner Nähe murmelt seit Urahnenzeit eine silberhelle Quelle. Diese wurde jedoch seit Urzeiten von Alt und Jung gemieden.
Von Mund zu Mund ging das Gerücht, das perlende Wasser sei von geheimnisvollen Wesen bewohnt, die mit dem Gold des Abendlichts aus den Felsschatten steigen und die Quelle umschweben.

Eines Abends verspätete sich ein hübsches Mägdelein, das seinen Liebsten in der Hötte (in den Glashütten) besucht hatte. Es wählte wegen der fortgerückten Stunde den näheren Weg an dem geisterumritteten Fels vorbei.

Plötzlich lähmten Furcht und Schrecken seine Glieder.
Eine weiße Frau in wallenden Gewändern erhob sich aus den tiefen Felsspalten.
Die Gestalt reichte dem zitternden Mädchen einen kostbaren Silberbecher mit den Worten: „Gib mir von dieser Quelle zu trinken!"
Schreckensbleich tat das Mädchen, wie ihm befohlen.

Da gebot die metallene Stimme: „Nun trink auch du von diesem Wasser, dann wirst du nach anderen Quellen nie mehr dursten, denn diese schenkt dir Gesundheit, Glück und hohes Lebensalter!"
Das Mädchen kostete aus Furcht und mit bangen Zweifel von dem geheimnisvollen Nass, die weiße Frau aber war verschwunden.

Schweißgebadet und völlig verwirrt eilte das Mädchen nach Kothen zurück. Wohl niemand hätte ihm Glauben geschenkt, hielte es nicht jenen kostbaren Pokal in seinen noch zitternden Händen.

Von diesem Tag an gewann die Quelle in zunehmenden Maß an Bedeutung und wird bis heute als hervorragende Mineralquelle geschätzt.

*Vielfach besteht die Vorstellung, dass wir regelmäßig Kraftorte aufsuchen sollten, um eine Art „körpereigenen Akku" erneut mit Energie aufzuladen. Hinter dieser Vorstellung steckt die Erwartung, dass die in den Akkus gespeicherte Energie auch wieder zur Neige geht, weil wir sie verbrauchen. Wenn es so wäre, dann wären Kraftplätze so etwas wie Tankstellen, von denen wir abhängig wären.*
*Unsere eigentliche Kraftquelle ist jedoch göttlichen Ursprungs und diese Quelle versiegt nicht. Der Aufenthalt an einem Kraftplatz kann uns mit dieser Quelle (wieder) in Verbindung bringen. Wenn wir erst einmal den „göttlichen Funken" in uns entdeckt und diese Energiequelle zum Fließen gebracht haben, dann fließt sie auch in uns selbst immer. Das immerwährende Fließen wird begünstigt und möglich, wenn wir am Kraftplatz bewusst in Resonanz gehen und uns einlassen.*

„Wer die Quelle kennt,
trinkt nicht aus dem Krug"

(Zitat Willigis Jäger)

*Als ich diesen Platz fand, war die rechte Seite des Bachlaufes verstopft und ich machte mich sofort an die Arbeit es freizulegen. In der darauffolgenden Nacht gab es einen kräftigen Regen und somit half die Natur mit meine Arbeit zu unterstützen.*

*Alles im Fluss . . .*

. . . nach der Reinigung und dem starken Regen. Gleichzeitig fließt auch unsere Lebensenergie.

*David Hernandez*

Höre auf dein Herz!

*Wenn ich mit dem Herzen lausche und mit dem geistigen Auge schaue, dann können Wunder geschehen. Geheimnisse können sich mir offenbaren, es kann die „Erleuchtung" des Augenblickes sein. Eine Welt hinter dem Schleier wird spürbar, ein sachtes Erahnen von etwas Höherem. Ich bin darin geborgen, ausgesöhnt mit mir und der Welt. Grenzen verschwinden und ich fühle mich eins mit der Erde, getragen und genährt vom Leben. Tiefes Urvertrauen in die gesamte Schöpfung und in Gottes Liebe durchdringt mich. Ich weiß: Jeder von uns ist ein Teil dieser Schöpfung – ein Teil der Natur. Ich erkenne die Weisheit auch in mir. Ein Glücksgefühl und eine tiefe Dankbarkeit erfasst mich und ich nehme intensive Lebensfreude mit in meinen Alltag.*

„Jede Begegnung, die unsere Seele berührt, hinterlässt eine Spur, die nie ganz verweht."

(Zitat von Lore Lillhan-Bodem)

*Der Paradiesvogel*

*Stille*

# Das innere Licht

Liebe zur Erde, Begeisterung für ihre Schönheit und Dankbarkeit verstärken die Kraft eines Ortes. Sie sind der Weg, wie wir diese Kraft beleben und erneuern können.

Der Mensch kann die Erde ausbeuten, hat aber auch die Kraft die Erde zu heilen.

Wenn wir den Kontakt zur Erde verlieren, spüren wir nicht, wie wir die Natur ausbeuten.

Wir spüren dadurch auch nicht mehr, wenn wir uns selbst ausbeuten, funktionieren nur noch und sind auch von unserer eigenen Natur abgeschnitten. So verlieren wir die Verbindung zu unserer Lebenskraft, zu dem göttlichen Funken in uns, der uns erhält. Das innere Licht kann nicht mehr leuchten.

Was wir für die Natur an Liebe aufbringen, tun wir also auch für uns.

Hierzu ein Auszug aus der Antrittsrede von Nelson Mandela:

„Unsere tiefgreifende Angst ist nicht, das wir ungenügend sind, unsere tiefgreifende Angst ist, über das Messbare hinaus kraftvoll zu sein. Es ist unser Licht, nicht unsere Dunkelheit, die uns am meisten Angst macht. Wir fragen uns, wer bin ich, mich brillant, großartig, talentiert, phantastisch zu nennen? Aber wer bist Du, Dich n i c h t so zu nennen? Du bist ein Kind Gottes. Dich selbst klein zu halten dient nicht der Welt. Es ist nichts Erleuchtetes daran, sich so klein zu machen, dass andere sich um Dich herum nicht sicher fühlen. Wir sind alle bestimmt zu leuchten wie es Kinder tun. Wir sind geboren worden, um den Glanz Gottes, der in uns ist, zu manifestieren. Er ist nicht nur in einigen von uns, er ist in jedem Einzelnen. Und wenn wir unser eigenes Licht erscheinen lassen, geben wir unbewusst anderen Menschen die Erlaubnis, dasselbe zu tun. Wenn wir von unserer eigenen Angst befreit sind, befreit unsere Gegenwart automatisch andere."

(Südafrika 1994)

Besser lässt es sich wohl kaum in Worte fassen, wozu uns das Erleben an Kraftplätzen ermutigt.

# Über die Autoren

**Der Fotograf**

David Hernandez ist 1981 in der Barbarossastadt Gelnhausen geboren und lebt heute in einer zauberhaften Landschaft zwischen der Rhön und seiner Geburtsstadt. Seit seiner Jugend beschäftigt er sich intensiv mit der Natur und sieht darin seinen Lebenssinn. Die Natur ist ihm Inspiration, Lebens- und Kunstraum zugleich. All das möchte er mit seinen Fotografien zum Ausdruck bringen. Er selbst sagt von sich, beim Fotografieren sei er eins mit der Natur und lasse sich vollkommen von seiner Intuition leiten. So entstehen gefühlvolle und ausdrucksstarke Bilder, mit denen er „die Menschen und ihre Seele ansprechen" möchte. Zum Fotografieren verwendet er eine analoge Spiegelreflexkamera mit Farbfilmen. Dabei setzt er keinerlei Farbfilter oder Weichzeichner ein, sondern belässt die Bilder genau so wie sie sind und verzichtet vollständig auf eine nachträgliche Bearbeitung.

David Hernandez kann die Energiefelder der verschiedenen Kraftorte erkennen und mit seinen Fotografien aufnehmen. Er ist überzeugt, dass die Bilder solcher Orte heilsam auf die Psyche des Menschen wirken und eine entspannende, fast meditative Atmosphäre in ihren Räumen schaffen.

David Hernandez, Atelier Sperlingslust, Burg Brandenstein in 36381 Schlüchtern-Elm
Telefon: 0175 – 8413203

**Die Autorin**

Maria Kalb ist 1950 in Ebersburg-Thalau geboren, absolvierte eine langjährige Ausbildung in Feng-Shui sowie Geomantie. Ihre Erfahrungen mit Kraftplätzen sammelte sie bei Besuchen verschiedenster Orte – heimischen und auswärtigen – angefangen mit der Umgebung, in der sie aufgewachsen ist bis hin zum berühmten Maccu Picchu in Peru. Dabei entdeckte und entwickelte sie ihre Gabe, besondere Kraftplätze wahrzunehmen und intuitiv zu erkennen. Ihre geschulte, verfeinerte Wahrnehmung kommt den Menschen in eigener Praxis bei ganzheitlichen Energie-Heilmassagen zugute.

Maria Kalb, Zum Höhlengrund 2 in 36124 Eichenzell, Tel.: 06659 – 915299,
Internet: www.lebensimpuls-online.de, E-Mail: kalbmaria@web.de

**Beide zusammen**

begleiten Menschen bei meditativen Wanderungen zu Orten der Kraft. Sie möchten ihre Mitmenschen an den teils sehr bekannten und teils verborgenen Kraftorten der Rhön teilhaben lassen. Befragt nach den Motiven für das vorliegende Buch sagten sie übereinstimmend: Nicht jeder wohnt in der Rhön und nicht jeder hat Gelegenheit, die Kraftplätze selbst aufzusuchen - deshalb die Texte und Bilder, die die Kraftorte zu den Menschen bringen sollen.

„Uns wünschen wir, dass wir mit dem Buch die Herzen der Menschen erreichen und ihre innere Kraftquelle zum sprudeln bringen können. Unseren Lesern wünschen wir, dass ein „Engel" die Tür zu ihrem Herzen öffnet, damit sie in sich den Ort entdecken, an dem Himmel und Erde sich berühren."

*Maria und David*

# Dank

Wir danken Herrn Rainer Klitsch vom Verlag Parzeller für das Vertrauen, das er in uns setzt.

## Maria Kalb

Ein persönlicher Dank gilt Mirell, Barbara, Sandra, Silvia und Gisela, lieben Freundinnen, für ihre Unterstützung und ihr Da-Sein.
Sowie allen anderen Freunden ein herzliches Dankeschön für ihr Verständnis, dass ich in dieser Zeit nicht für sie da sein konnte.
Mein Dank geht auch an Ulrike-Maria und Franz-Karl Ritter,
die mir Lehrer und Freunde auf meinen Reisen waren.
Besonders danke ich meiner langjährigen Freundin Beate, der ich durch dieses Buch wiederbegegnet bin und die unserem Werk ans Tageslicht half.
Herzlichen Dank auch an Pater Anselm Grün für seine kraftspendenden und liebevollen Worte zum Gelingen des Werkes.

## David Hernandez

Ich danke den Firmen Fotofreund, Schlüchtern, Foto Arian, Gelnhausen, Die Rahmenwerkstatt, Linsengericht-Altenhaßlau.
Desweiteren danke ich den Familien Kretschmann und von Brandenstein-Zeppelin und allen lieben Menschen, die mir geholfen haben.

Auch in der thüringischen Rhön gibt es wundervolle Kraftplätze. Es ist ein Folgeband geplant um auch diese Plätze zu würdigen.

*Aquarelle von Maria Kalb: „Magie der Rhön"*

„Licht der Rhön"

## Ortsangaben zu den Fotografien

*Seite 5: Burg Brandenstein, Schlüchtern-Elm*
*Seite 7: Burg Brandenstein*
*Seite 8: Baum am Fuße des Ebersbergs, Nähe Burg Brandenstein*
*Seite 11: Baum oberhalb des Parkplatzes von Burg Brandenstein*
*Seite 13: Pferdskopf, oberhalb von Poppenhausen*
*Seite 15: Schlosspark Ramholz, Schlüchtern-Ramholz*
*Seite 16: Pferdskopf, bei Poppenhausen*
*Seite 17: Pferdskopf*
*Seite 18: Pferdskopf*
*Seite 19: Steinwand, bei Poppenhausen*
*Seite 20: Steinwand*
*Seite 21: Steinwand*
*Seite 22: Steinwand*
*Seite 23: Baum, am Heiligenberg*
*Seite 24: Alter Ahornbaum am Wanderweg zur Milseburg*
*Seite 25: Alter Ahornbaum am Wanderweg zur Milseburg*
*Seite 26: Milseburg*
*Seite 29: am Weiherhof, bei Wächtersbach-Waldensberg*
*Seite 30: Kaskadenschlucht, bei Gersfeld-Sandberg*
*Seite 31: Kaskadenschlucht*
*Seite 32: Kaskadenschlucht*
*Seite 33: Kaskadenschlucht*
*Seite 34: Kaskadenschlucht*
*Seite 35: Kaskadenschlucht*
*Seite 36: Kaskadenschlucht*
*Seite 37: Lichttor*
*Seite 38: Der Frauenstein, bei Heubach Schwarzenberg*
*Seite 39: Stein, links neben dem Frauenstein bei Heubach Schwarzenberg*
*Seite 40: Kesselstein, oberhalb vom Kümmelhof in der Nähe von Gersfeld-Mosbach*
*Seite 44: Elsbach, am Wanderweg zum Gangolfsberg*
*Seite 45: Prismenwand mit Eiche, am Gangolfsberg*
*Seite 46: Prismenwand am Gangolfsberg*
*Seite 47: Kleine Höhle am Gangolfsberg*
*Seite 48: Prismenwand am Gangolfsberg*
*Seite 49: Eingang zum Teufelskeller, Gangolfsberg*
*Seite 50: Elsbach*
*Seite 51: Elsbach*
*Seite 52: Schafstein*
*Seite 53: Schafstein*
*Seite 54: Schafstein*
*Seite 55: Baum, am Wanderweg vom Wanderparkplatz an der Fuldaquelle zum Schafstein*
*Seite 57: Großer Nallenberg, in der Nähe von Gersfeld*
*Seite 58: Großer Nallenberg*
*Seite 59: Großer Nallenberg*
*Seite 61: Wasserfall Teufelsmühle, am Wanderweg Holzberghof-Bischofsheim*
*Seite 62: Wasserfall Teufelsmühle*
*Seite 63: Wasserfall Teufelsmühle*
*Seite 64: Am Wasserfall Teufelsmühle*
*Seite 65: Wasserfall Teufelsmühle*
*Seite 66: Wasserfall Teufelsmühle*
*Seite 68: Riesenbuche bei Oberbach*
*Seite 69: Riesenbuche bei Oberbach*
*Seite 70: Schindküppel, Kultur-Landschaft-Wanderweg bei Oberbach*
*Seite 71: Die dicken Steine, bei Römershag bei Bad Brückenau*
*Seite 72: Disbach, Nähe Röderhof Bad Brückenau*
*Seite 73: Disbach bei Hochwasser*
*Seite 74: Die langen Steine, bei Römershag bei Bad Brückenau*
*Seite 75: Die langen Steine*
*Seite 76: Die langen Steine*
*Seite 77: Disbach, Nähe Röderhof Bad Brückenau*
*Seite 78: Der Pilsterfelsen bei Kothen (Foto: Maria Kalb)*
*Seite 80: Natürliche Quelle, Schlüchtern-Ramholz*
*Seite 81: Disbach, Nähe Röderhof Bad Brückenau*
*Seite 82: Teufelstein, bei Mittelberg*
*Seite 83: Teufelstein*
*Seite 84: Die dicken Steine, bei Römershag bei Bad Brückenau*
*Seite 85: Staatsbad Bad Brückenau*
*Seite 86: Teufelstein*
*Seite 87: Teufelstein*
*Seite 88: Wasserfall, bei Schlüchtern-Wallroth*
*Seite 89: Wasserfälle, bei Schlüchtern-Wallroth*
*Seite 91: Beim wilden Stein, Schlüchtern-Wallroth*
*Seite 92: Schlüchtern-Kressenbach*
*Seite 93: Die weißen Steine, Büdinger Wald*
*Seite 94: Bubenbaderstein, Nähe Milseburg*
*Seite 95: Bubenbaderstein, Nähe Milseburg*
*Seite 96: Am Wanderweg zum Gangolfsberg*
*Seite 97: Wasserfall, Schlüchtern-Gundhelm*
*Seite 98: Wasserfall, Schlüchtern-Wallroth*
*Seite 99: Bachlauf, Schlüchtern-Wallroth*
*Seite 100: Felsen bei Schlüchtern-Hutten*
*Seite 101: Felsen Schlüchtern-Hutten*
*Seite 102: Im Schlosspark Ramholz, bei Schlüchtern*
*Seite 103: Im Schlosspark Ramholz, bei Schlüchtern*
*Seite 104: Am Weiherhof, bei Wächtersbach-Waldensberg*
*Seite 105: Im Schlosspark, Gelnhausen-Meerholz*
*Seite 106: Am Wiesbüttsee, bei Wiesen*